Impressum
Verlag: BABADADA GmbH, Nedderfeld 112 , 22529 Hamburg
Geschäftsführer / Verlagsleitung: Harald Hof
Druck: Books on Demand GmbH, In de Tarpen 42, 22848 Norderstedt

Imprint
Publisher: BABADADA GmbH, Nedderfeld 112 , 22529 Hamburg, Germany
Managing Director / Publishing direction: Harald Hof
Print: Books on Demand GmbH, In de Tarpen 42, 22848 Norderstedt, Germany

1

училище

school

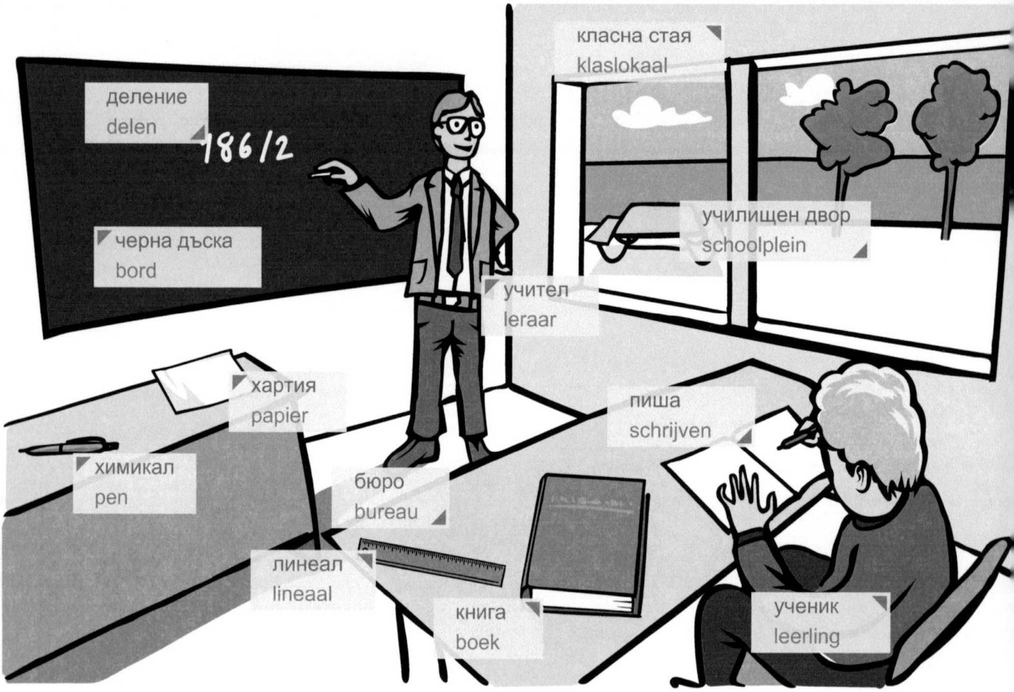

класна стая
klaslokaal
деление
delen
186/2
черна дъска
bord
училищен двор
schoolplein
учител
leraar
хартия
papier
пиша
schrijven
химикал
pen
бюро
bureau
линеал
lineaal
книга
boek
ученик
leerling

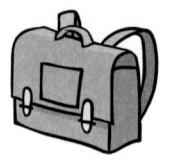

ученическа раница

schooltas

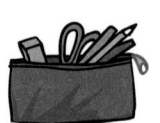

ученически несесер

etui

молив

potlood

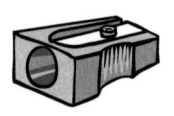

острилка за моливи

puntenslijper

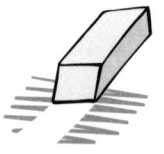

гума

gum

блок за рисуване

schetsblok

рисунка

tekening

четка

penseel

акварелни бои

verfdoos

ножица

schaar

лепило

lijm

тетрадка за упражнения

schrift

домашна работа

huiswerk

12

число

getal

2+2

събиране

optellen

5-2

изваждане

aftrekken

2×2

умножение

vermenigvuldigen

смятане

rekenen

A

буква

letter

ABCDEFG
HIJKLMN
OPQRSTU
VWXYZ

азбука

alfabet

дума

woord

текст

tekst

чета

lezen

тебешир

krijt

час

les

дневник на класа

klassenboek

изпит

examen

свидетелство

diploma

ученическа униформа

schooluniform

образование

opleiding

справочник

encyclopedie

университет

universiteit

микроскоп

microscoop

карта

kaart

кошче за хартиени
отпадъци

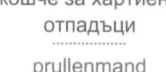

prullenmand

пътуване
reis

хотел
hotel
Grand
хостел
hostel
ROOMS
обменно бюро
wisselkantoor
куфар
koffer
кола
auto

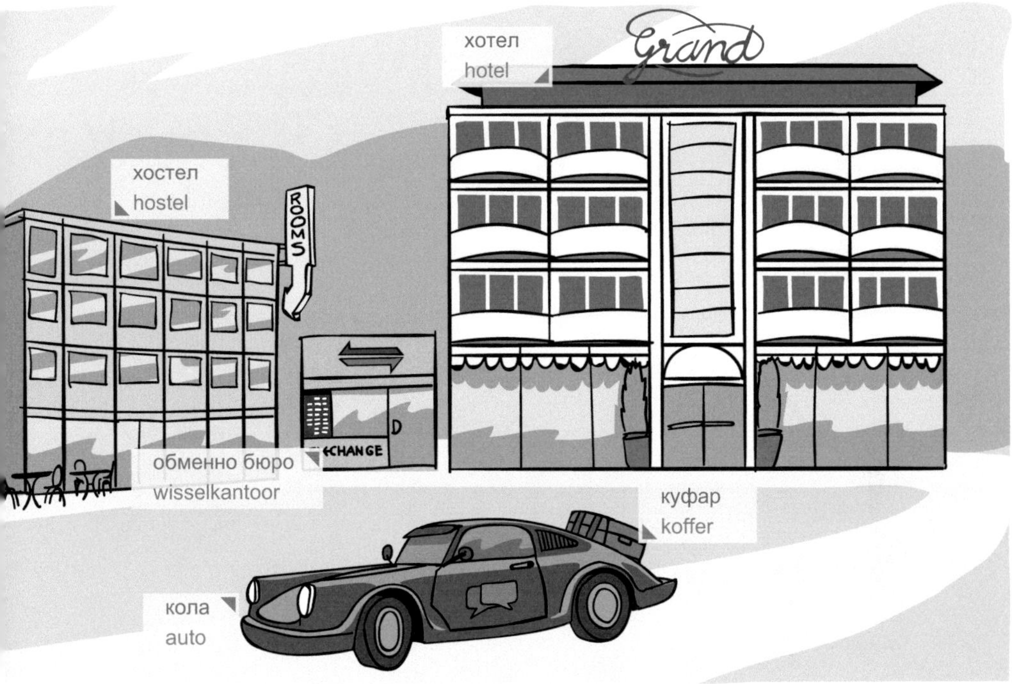

език

taal

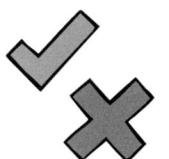

да / не

ja / nee

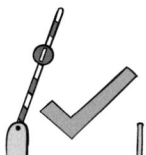

Окей

oké

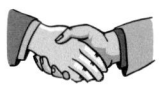

здравей

Hallo!

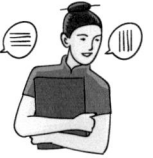

преводач

tolk

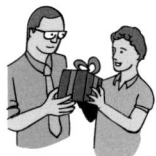

Благодаря

Bedankt.

Колко струва…?

Wat kost ...?

Не разбирам

Ik begrijp het niet.

проблем

probleem

Добър вечер!

Goedenavond!

Добро утро!

Goedemorgen!

Лека нощ!

Goedenacht!

довиждане

Tot ziens!

посока

richting

багаж

bagage

пътна чанта

tas

раница

rugzak

посетител

gast

стая

kamer

спален чувал

slaapzak

палатка

tent

ристическа информация

VVV-kantoor

плаж

strand

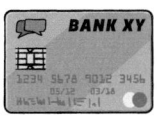

кредитна карта

creditkaart

закуска

ontbijt

обед

lunch

вечеря

diner

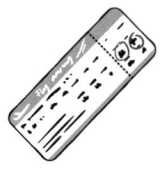

билет

kaartje

асансьор

lift

пощенска марка

postzegel

граница

grens

митница

douane

посолство

ambassade

виза

visum

паспорт

paspoort

транспорт

transport

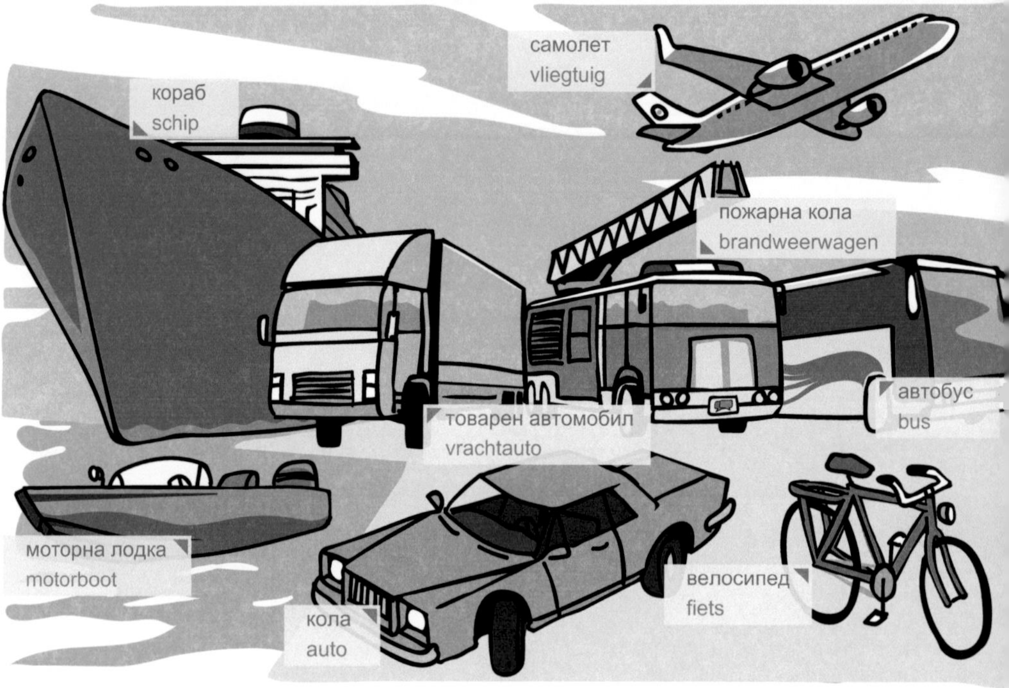
самолет
vliegtuig
кораб
schip
пожарна кола
brandweerwagen
автобус
bus
товарен автомобил
vrachtauto
моторна лодка
motorboot
велосипед
fiets
кола
auto

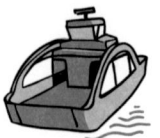

фериботveerboot

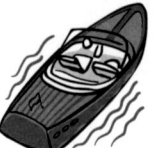

лодка
boot

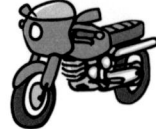

мотоциклет
motorfiets

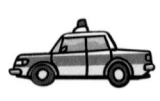

полицейска кола
politiewagen

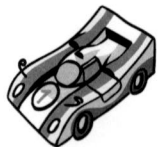

състезателна кола
raceauto

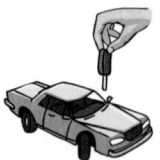

кола под наем
huurauto

каршеринг

carsharing

автомобил от "Пътна помощ"

takelwagen

сметовоз

vuilniswagen

двигател

motor

бензин

benzine

бензиностанция

benzinepomp

пътен знак

verkeersbord

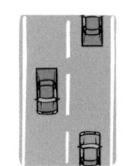

улично движение

verkeer

задръстване

file

паркинг

parkeerplaats

гара

station

релси

rails

влак

trein

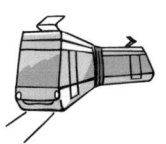

трамвай

tram

вагон

wagon

хеликоптер

helikopter

аерогара

luchthaven

кула

toren

пасажер

passagier

контейнер

container

кашон

verhuisdoos

ръчна количка

kar

кошница

mand

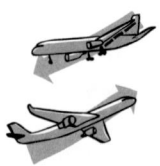

излитам / приземявам се

opstijgen / landen

град

stad

село

dorp

градски център

stadscentrum

къща

huis

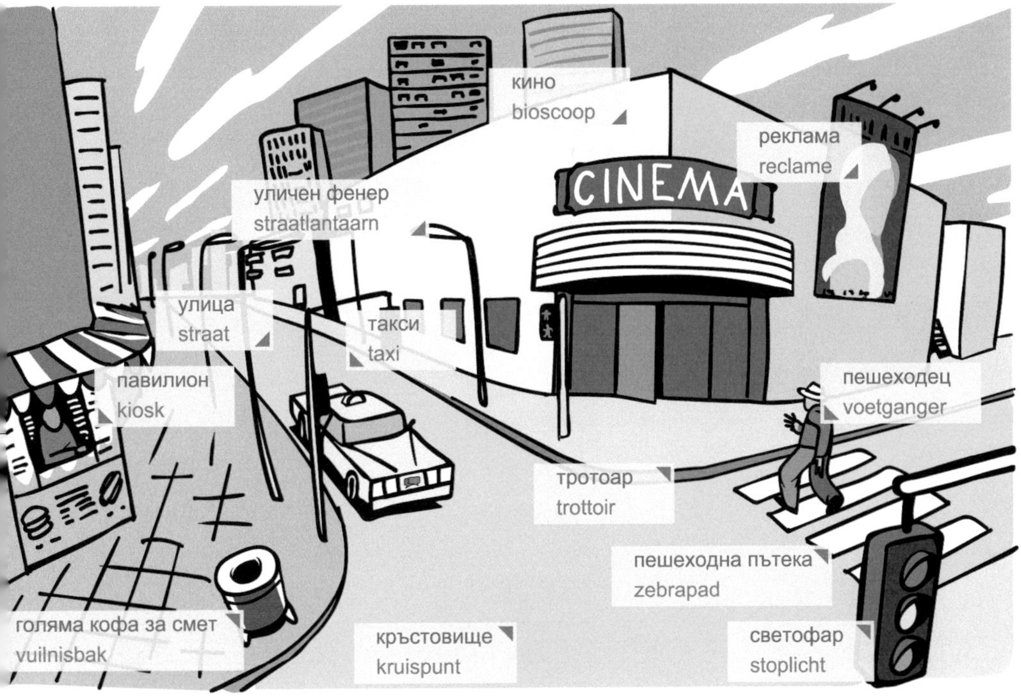

кино
bioscoop
реклама
reclame
CINEMA
уличен фенер
straatlantaarn
улица
straat
такси
taxi
павилион
kiosk
пешеходец
voetganger
тротоар
trottoir
пешеходна пътека
zebrapad
голяма кофа за смет
vuilnisbak
кръстовище
kruispunt
светофар
stoplicht

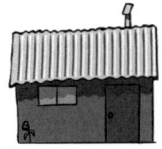

хижа

hut

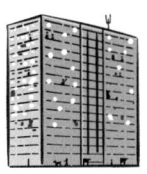

жилище

appartement

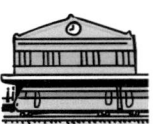

гара

station

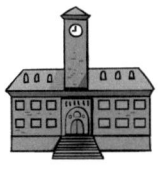

кметство

stadhuis

MUSEUM

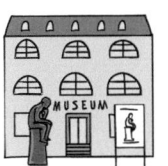

музей

museum

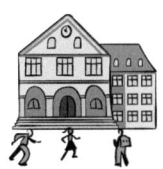

училище

school

университет

universiteit

банка

bank

болница

ziekenhuis

хотел

hotel

аптека

apotheek

офис

kantoor

книжарница

boekenwinkel

магазин за цветя

winkel

магазин за цветя

bloemenwinkel

супермаркет

supermarkt

пазар

markt

универсален магазин

warenhuis

търговец на риба

visboer

търговски център

winkelcentrum

пристанище

haven

парк

park

пейка

bank

мост

brug

стълба

trap

метро

metro

тунел

tunnel

автобусна спирка

bushalte

бар

bar

ресторант

restaurant

пощенска кутия

brievenbus

улична табелка

straatnaambord

часовник за паркинг
престой

parkeermeter

зоологическа градина

dierentuin

плувен басейн

zwembad

джамия

moskee

селски двор

boerderij

замърсяване на околната среда

vervuiling

гробище

begraafplaats

църква

kerk

детска площадка

speelplaats

храм

tempel

пейзаж

landschap

листо
blad

пътепоказател
wegwijzer

път
weg

ливада
weide

камък
steen

дърво
boom

пътешественик
wandelaar

река
rivier

трева
gras

цвете
bloem

долина

vallei

планина

berg

море

meer

гора

bos

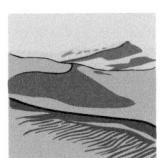

пустиня

woestijn

вулкан

vulkaan

замък

kasteel

дъга

regenboog

гъба

paddenstoel

палма

palmboom

комар

mug

муха

vlieg

мравка

mier

пчела

bij

паяк

spin

бръмбар

kever

жаба

kikker

катеричка

eekhoorn

таралеж

egel

заек

haas

кукумявка

uil

птица

vogel

лебед

zwaan

диво прасе

wild zwijn

елен

hert

лос

eland

бент

stuwdam

вятърна турбина

windmolen

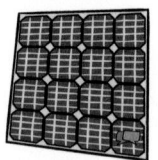

соларен модул

zonnepaneel

климат

klimaat

ресторант
restaurant

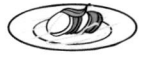

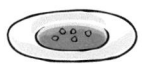

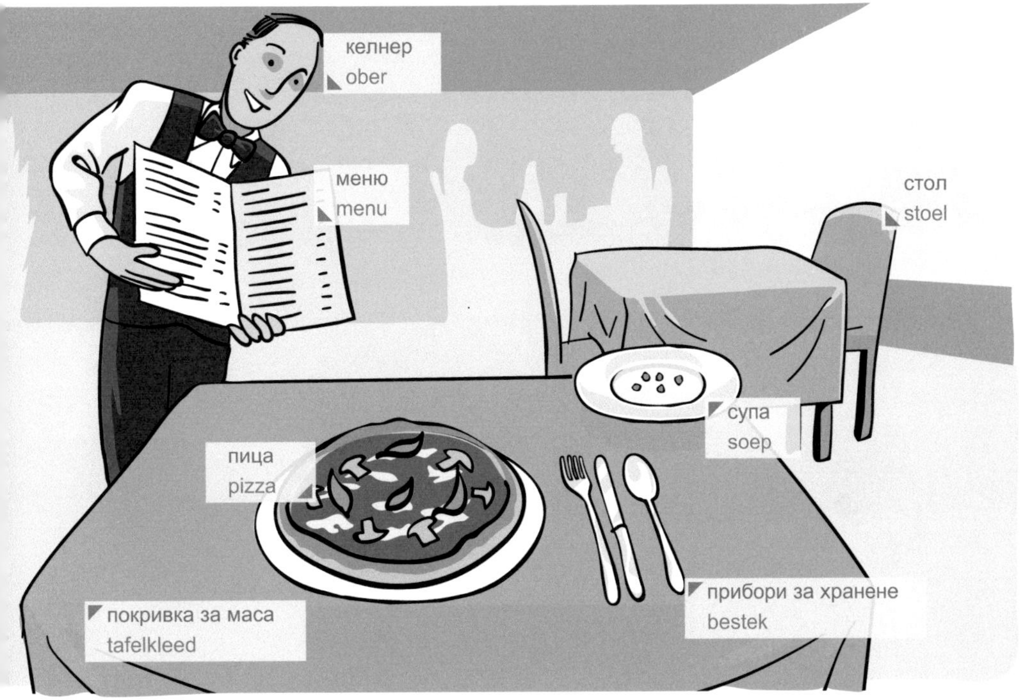
келнер
ober
меню
menu
стол
stoel
супа
soep
пица
pizza
прибори за хранене
bestek
покривка за маса
tafelkleed

предястие

voorgerecht

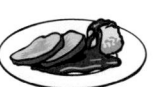

основно ястие

hoofdgerecht

десерт

toetje

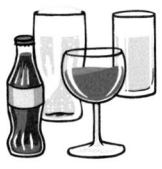

напитки

dranken

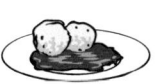

ядене

eten

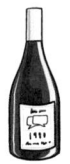

бутилка

fles

бързо хранене

fastfood

улична храна

eetkraampje

кана за чай

theepot

кутия за захар

suikerpot

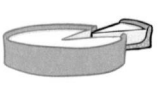

порция

portie

еспресо машина

espressomachine

висок детски стол

kinderstoel

сметка

rekening

табла

dienblad

ножица за нокти

mes

вилица

vork

лъжица

lepel

чаена лъжичка

theelepel

салфетка

servet

стъклена чаша

glas

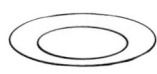

чиния

bord

чиния за супа

soepbord

чинийка

schotel

сос

saus

солница

zoutvaatje

мелничка за черен пипер

pepermolen

оцет

azijn

олио

olie

подправки

kruiden

кетчуп

ketchup

горчица

mosterd

майонеза

mayonaise

супермаркет

supermarkt

оферта
aanbieding
FOR
клиент
klant
млечни продукти
zuivelproducten
плодове
fruit
количка за покупки
winkelwagen

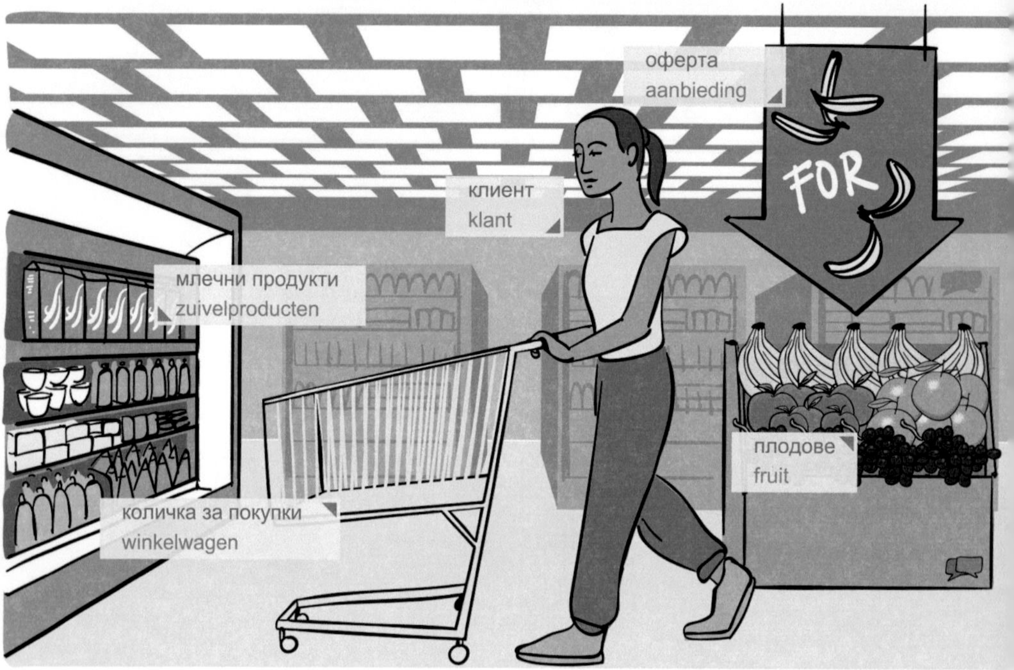

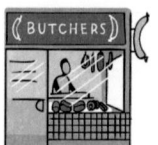

BUTCHERS

кланица

slager

BAKERY

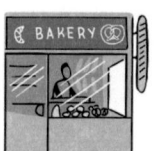

хлебарница

bakkerij

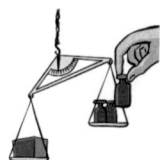

тегля

wegen

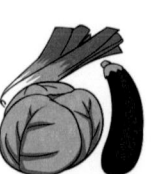

зеленчуци

groente

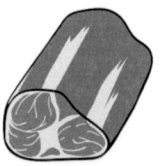

месо

vlees

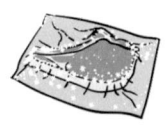

дълбоко замразена храна

diepvriesproducten

нарязан колбас или
сирене
vleeswaren

консерви

conserven

перилен препарат

wasmiddel

лакомства

snoepgoed

домакински изделия

huishoudelijke artikelen

почистващи препарати

schoonmaakmiddel

продавачка

verkoopster

каса

kassa

касиер

kassier

списък на покупките

boodschappenlijstje

работно време

openingstijden

портфейл

portefeuille

кредитна карта

creditkaart

чанта

tas

пластмасова торба

plastic zak

вода

water

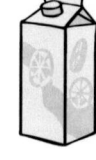

сок

sap

мляко

melk

кола

cola

вино

wijn

бира

bier

алкохол

alcohol

какао

chocolademelk

чай

thee

кафе машина

koffie

еспресо

espresso

капучино

cappuccino

банан

banaan

ябълка

appel

портокал

sinaasappel

пъпеш

watermeloen

лимон

citroen

морков

wortel

чесън

knoflook

бамбук

bamboe

лук

ui

гъба

paddenstoel

ядки

noten

макарони

pasta

спагети

spaghetti

ориз

rijst

салата

salade

пържени картофи

friet

печени картофи

gebakken aardappelen

пица

pizza

хамбургер

hamburger

сандвич

sandwich

шницел

schnitzel

шунка

ham

траен колбас

salami

салам

worst

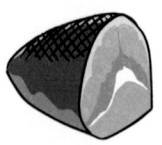

пиле

kip

печено

gebraad

риба

vis

овесени ядки

havermout

мюсли

muesli

корнфлейкс

cornflakes

брашно

meel

кроасан

croissant

хлебчета

broodjes

хляб

brood

препечена филийка

toast

бисквити

koekjes

масло

boter

извара

kwark

сладкиш

taart

яйце

ei

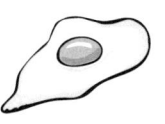

яйца на очи

gebakken ei

сирене

kaas

ядене - eten

сладолед

ijs

захар

suiker

мед

honing

мармалад

jam

нуга крем

chocoladepasta

къри

kerrie

селски двор
boerderij

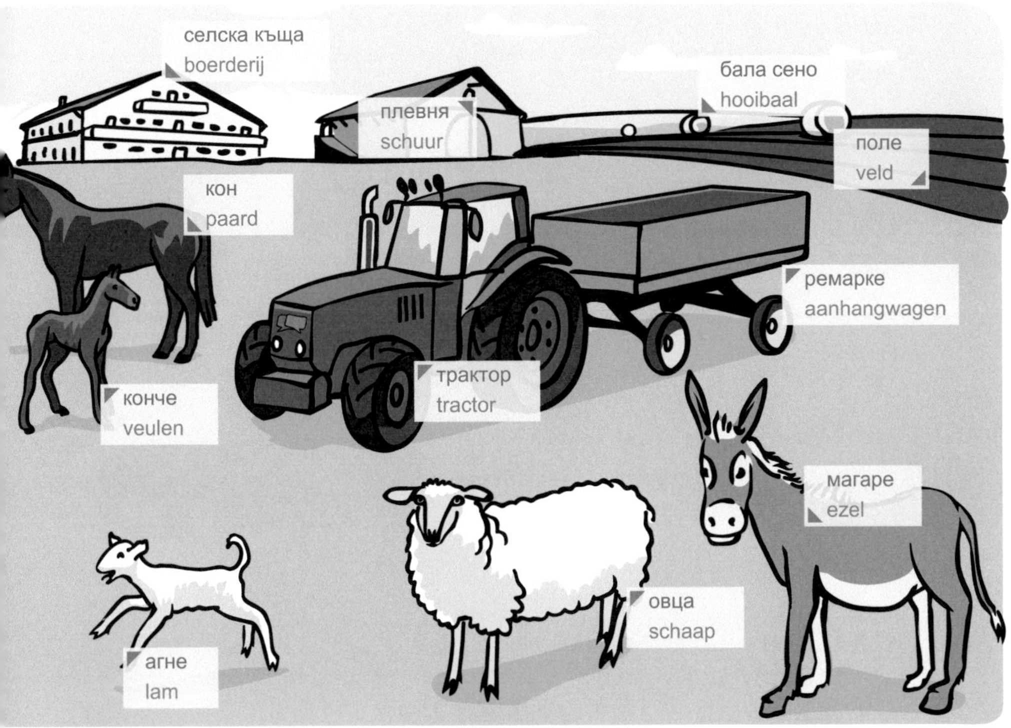

селска къща
boerderij
плевня
schuur
бала сено
hooibaal
поле
veld
кон
paard
ремарке
aanhangwagen
трактор
tractor
конче
veulen
магаре
ezel
овца
schaap
агне
lam

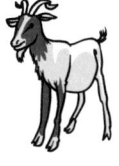

коза

geit

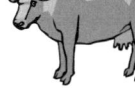

крава

koe

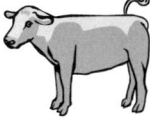

теле

kalf

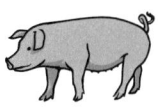

свиня

varken

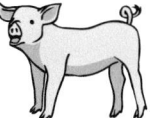

прасенце

big

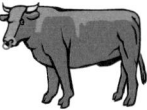

бик

stier

гъска

gans

патица

eend

пиленце

kuiken

кокошка

kip

петел

haan

плъх

rat

котка

kat

мишка

muis

вол

os

куче

hond

кучешка колиба

hondenhok

градински маркуч

tuinslang

лейка

gieter

коса

zeis

плуг

ploeg

сърп

sikkel

мотика

schoffel

вила за тор

hooivork

брадва

bijl

ръчна количка

kruiwagen

корито

trog

съд за мляко

melkbus

чувал

zak

ограда

hek

обор

stal

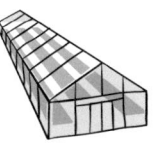

парник

broeikas

земя

grond

сеитба

zaad

тор

mest

комбайн

maaidorser

жъна

oogsten

реколта

oogst

ямс

yam

жито

tarwe

соя

soja

картоф

aardappel

царевица

maïs

рапица

koolzaad

овощно дърво

fruitboom

маниока

maniok

зърнени храни

granen

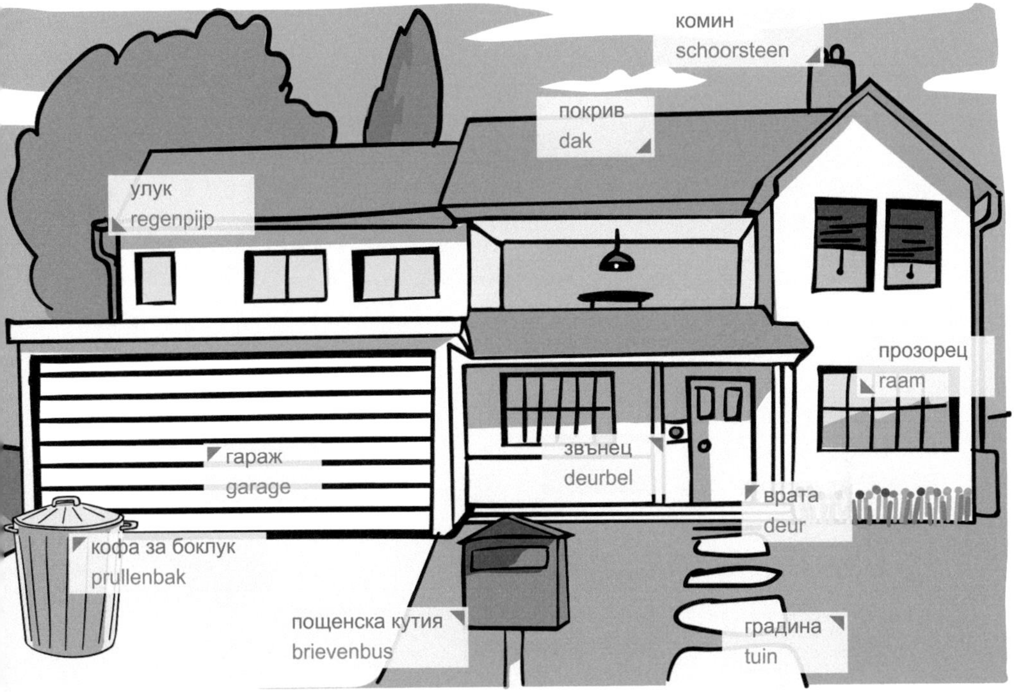

комин
schoorsteen

покрив
dak

улук
regenpijp

прозорец
raam

гараж
garage

звънец
deurbel

врата
deur

кофа за боклук
prullenbak

пощенска кутия
brievenbus

градина
tuin

всекидневна

woonkamer

баня

badkamer

кухня

keuken

спалня

slaapkamer

детска стая

kinderkamer

трапезария

eetkamer

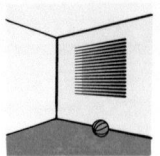

под

vloer

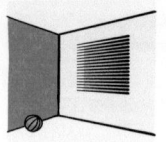

стена

muur

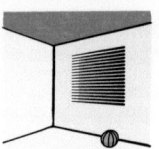

таван

plafond

изба

kelder

сауна

sauna

балкон

balkon

тераса

terras

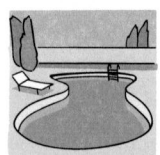

плувен басейн

zwembad

косачка

grasmaaier

спално бельо

laken

покривка за легло

bedsprei

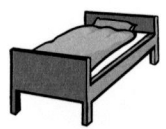

легло

bed

метла

bezem

кофа

emmer

електрически ключ

schakelaar

всекидневна
woonkamer

тапет
behang
картина
foto
лампа
lamp
рафт
plank
шкаф
kast
телевизор
televisie
камина
open haard
цвете
bloem
възглавница
kussen
канапе
bankstel
ваза
vaas
дистанционно управление
afstandsbediening

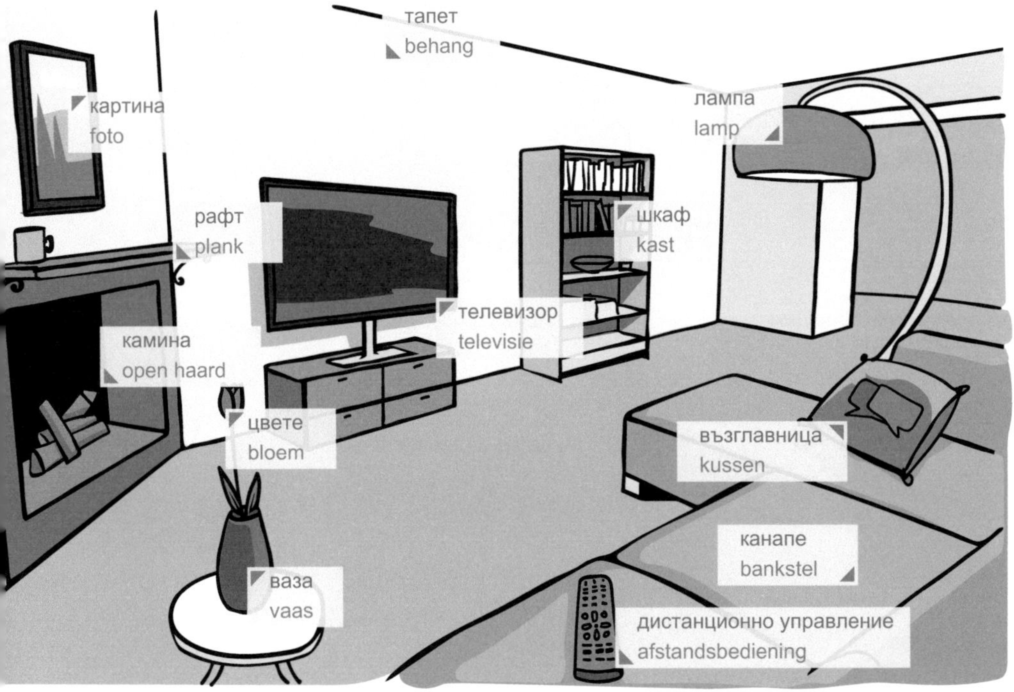

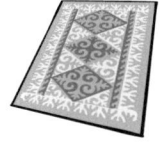

килим

tapijt

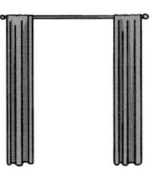

завеса

gordijn

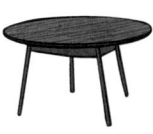

маса

tafel

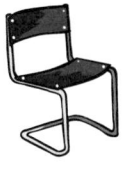

стол

stoel

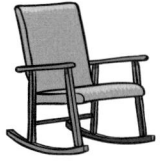

люлеещ се стол

schommelstoel

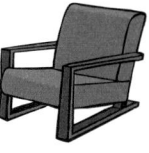

кресло

stoel

книга

boek

одеяло

deken

декорация

decoratie

дърва за отопление

brandhout

филм

film

стерео уредба

stereo-installatie

ключ

sleutel

вестник

krant

живопис

schilderij

постер

poster

радио

radio

бележник

kladblok

прахосмукачка

stofzuiger

кактус

cactus

свещ

kaars

кухня
keuken

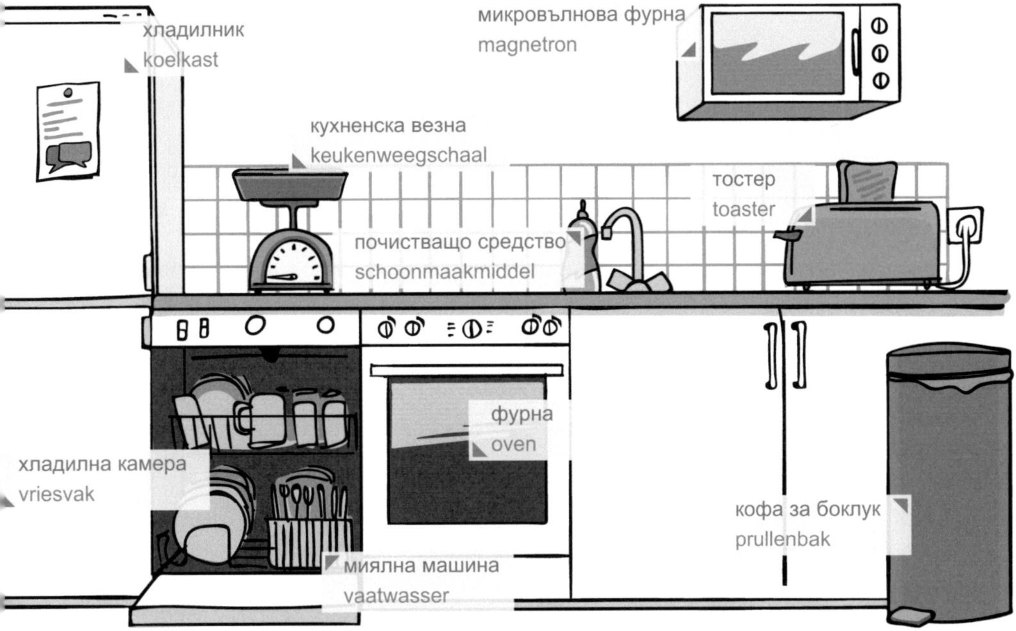
хладилник
koelkast
микровълнова фурна
magnetron
кухненска везна
keukenweegschaal
тостер
toaster
почистващо средство
schoonmaakmiddel
фурна
oven
хладилна камера
vriesvak
кофа за боклук
prullenbak
миялна машина
vaatwasser

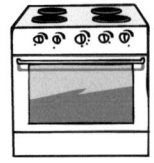

готварска печка

fornuis

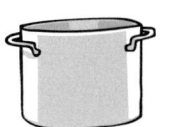

тенджера

pan

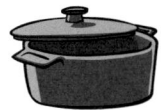

желязна тенджера

gietijzeren pan

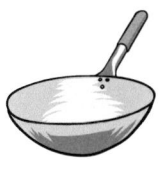

уок / кадаи

wok / kadai

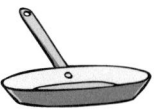

тиган

koekenpan

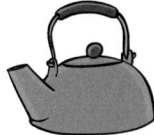

кана за затопляне на вода

ketel

уред за готвене на пара

stoomkoker

тава за печене

bakplaat

съдове

servies

чаша

beker

купа

kom

клечки за хранене

eetstokjes

черпак

soeplepel

лопатка за тиган

spatel

тел за разбиване (на яйца, белтъци)

garde

кошница за варене

vergiet

гевгир

zeef

ренде

rasp

хаван

vijzel

барбекю

barbecue

огнище

vuurhaard

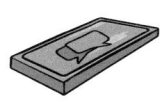

дъска

snijplank

точилка

deegroller

тирбушон

kurkentrekker

кутия

blik

отварачка за консерви

blikopener

кухненска ръкохватка

pannenlap

мивка

wasbak

четка

borstel

гъба

spons

миксер

blender

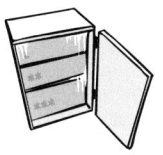

фризер

vriezer

бебешко шише

babyflesje

воден кран

kraan

баня

badkamer

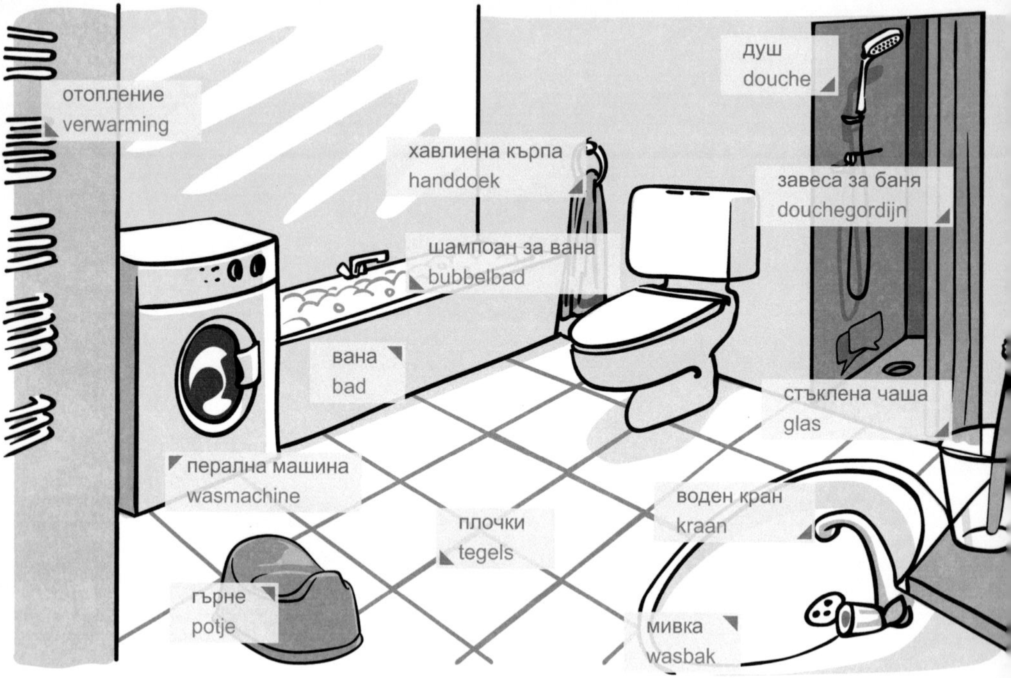

отопление
verwarming
душ
douche
хавлиена кърпа
handdoek
завеса за баня
douchegordijn
шампоан за вана
bubbelbad
вана
bad
стъклена чаша
glas
перална машина
wasmachine
воден кран
kraan
плочки
tegels
гърне
potje
мивка
wasbak

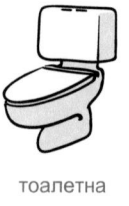

тоалетна

toilet

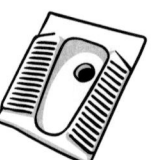

клекало

hurktoilet

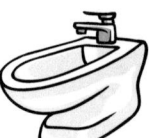

биде

bidet

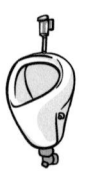

писоар

urinoir

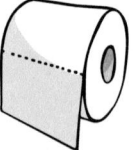

тоалетна хартия

toiletpapier

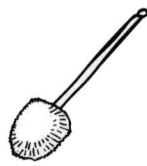

четка за тоалетна

toiletborstel

четка за зъби

tandenborstel

паста за зъби

tandpasta

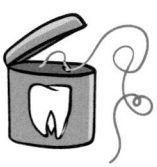

конец за зъби

flosdraad

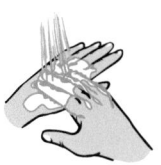

мия

wassen

ръчен душ

handdouche

интимен душ

toiletdouche

леген

waskom

четка за гръб

rugborstel

сапун

zeep

душ гел

douchegel

шампоан за вана

shampoo

гъба за баня

washanje

сифон

afvoer

крем

creme

дезодорант

deodorant

огледало

spiegel

козметично огледало

make-upspiegel

ръчна самобръсначка

scheermes

пяна за бръснене

scheerschuim

одеколон за след бръснене

aftershave

гребен

kam

четка

borstel

сешоар

haardroger

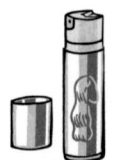

спрей за коса

haarspray

грим

make-up

червило

lippenstift

лак за нокти

nagellak

памук

watten

ножица за нокти

nagelschaartje

парфюм

parfum

тоалетна чантичка

toilettas

табуретка

kruk

везна

weegschaal

хавлия

badjas

домакински ръкавици

rubber handschoenen

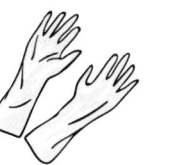

тампон

tampon

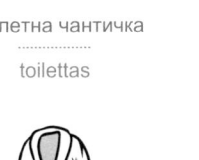

дамски превръзки

maandverband

химическа тоалетна

chemisch toilet

детска стая

kinderkamer

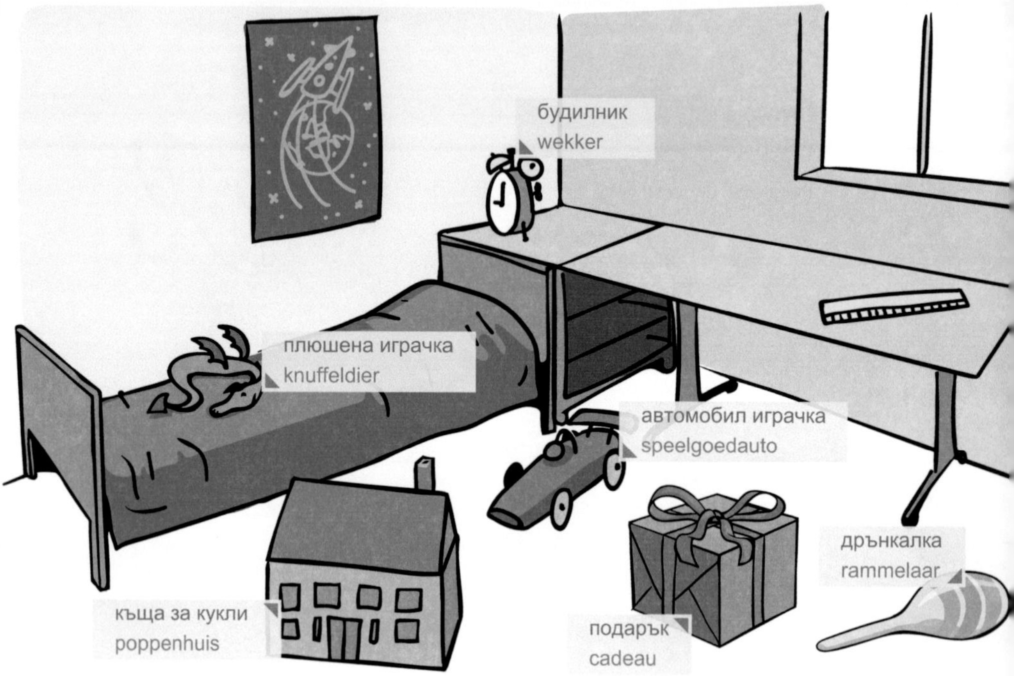
будилник
wekker
плюшена играчка
knuffeldier
автомобил играчка
speelgoedauto
дрънкалка
rammelaar
къща за кукли
poppenhuis
подарък
cadeau

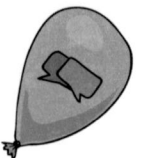

балон

ballon

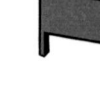

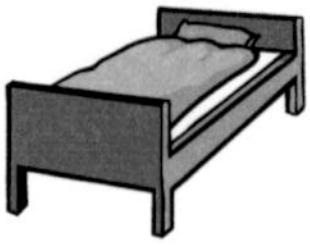

легло

bed

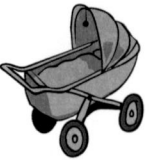

детска количка

kinderwagen

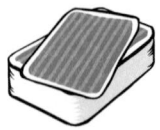

игра на карти

kaartspel

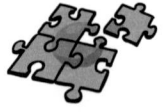

пъзел

puzzel

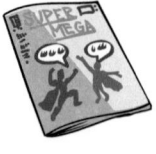

комикс

stripverhaal

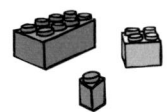

лего елементи

legostenen

строителни елементи

speelgoedblokken

екшън фигурка

actiefiguurtje

бебешки гащеризон

romper

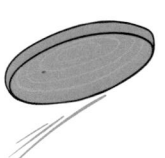

фрисби

frisbee

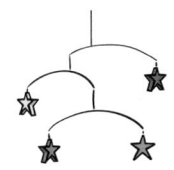

бебешки играчки за легло

mobile

настолна игра

bordspel

зарче

dobbelsteen

миниатюрно влакче

modeltrein

биберон

speen

парти

feestje

детска книга с илюстрации

prentenboek

топка

bal

кукла

pop

играя

spelen

пясъчник

zandbak

люлка

schommel

играчка

speelgoed

игрова конзола

spelcomputer

велосипед с три колелета

driewieler

плюшено мече

teddybeer

гардероб

kleerkast

облекло
kleding

къси чорапи

sokken

дълги чорапи

kousen

чорапогащник

panty

шал
sjaal

чадър
paraplu

Т-шърт
T-shirt

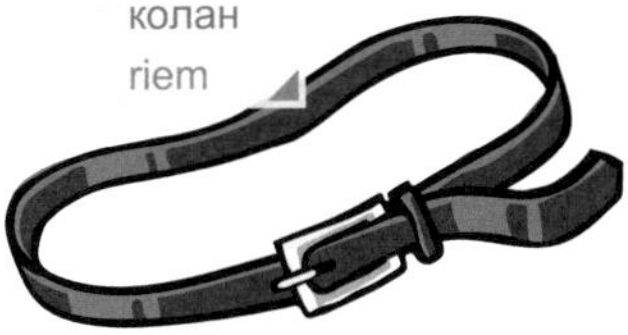

колан
riem

ботуши
laarzen

пантофи
pantoffels

гуменки
sportschoenen

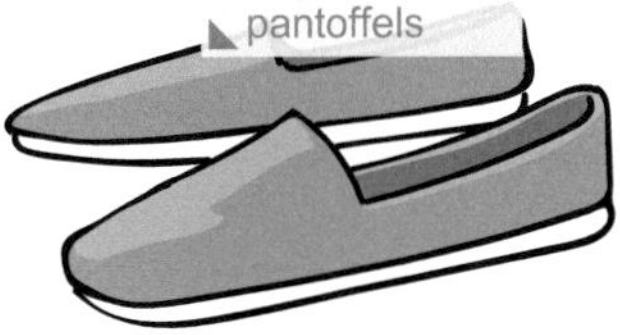

сандали
sandalen

обувки
schoenen

гумени ботуши
rubberlaarzen

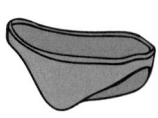

слип
onderbroek

сутиен
beha

долна блуза
onderhemd

боди

body

панталон

broek

дънки

spijkerbroek

пола

rok

блуза

blouse

риза

overhemd

пуловер

trui

суичър

hoody

блейзър

blazer

яке

jas

палто

mantel

дъждобран

regenjas

костюм

kostuum

рокля

jurk

булчинска рокля

trouwjurk

костюм

pak

нощница

nachthemd

пижама

pyjama

сари

sari

кърпа за глава

hoofddoek

тюрбан

tulband

бурка

boerka

кафтан

kaftan

абая

abaja

бански костюм

zwempak

плувни шорти

zwembroek

къс панталон

korte broek

анцуг

trainingspak

престилка

schort

ръкавици

handschoenen

копче

knoop

очила

bril

гривна

armband

верижка

ketting

пръстен

ring

обеца

oorbel

каскет

pet

закачалка

kledinghanger

шапка

hoed

вратовръзка

stropdas

цип

rits

каска

helm

тиранти

bretels

ученическа униформа

schooluniform

униформа

uniform

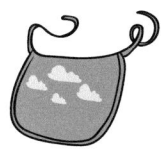

лигавник

slabbetje

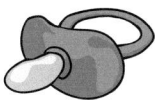

биберон

speen

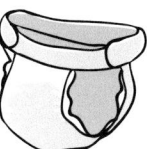

пелена

luier

офис

kantoor

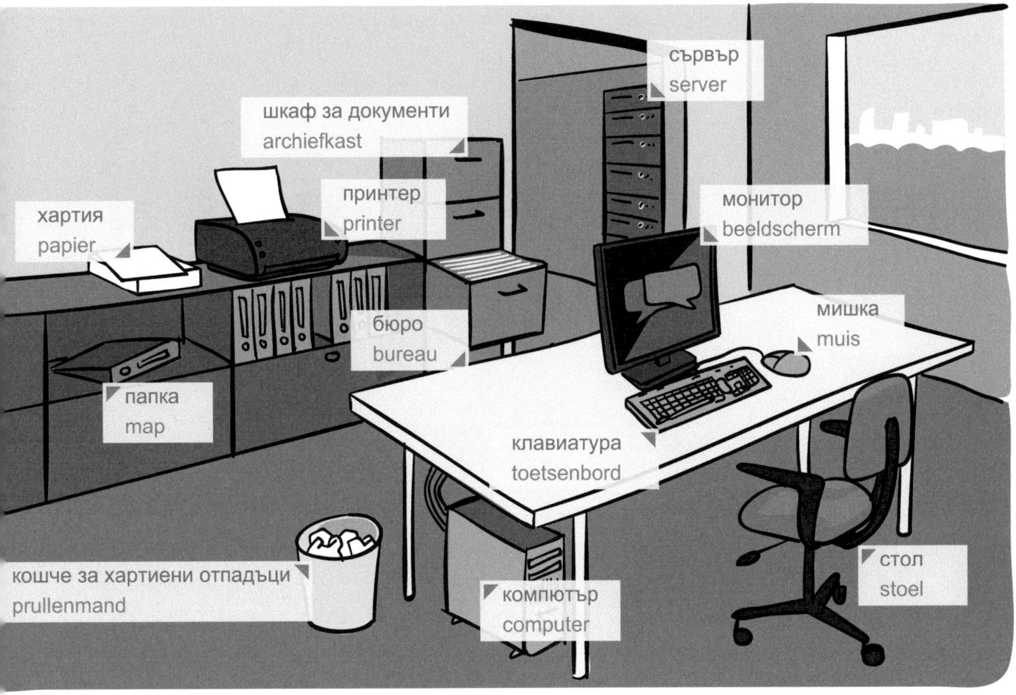

сървър
server
шкаф за документи
archiefkast
хартия
papier
принтер
printer
монитор
beeldscherm
мишка
muis
бюро
bureau
папка
map
клавиатура
toetsenbord
кошче за хартиени отпадъци
prullenmand
компютър
computer
стол
stoel

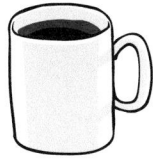

чаша за кафе

koffiemok

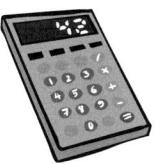

джобен калкулатор

rekenmachine

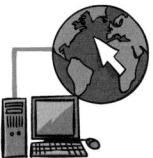

интернет

internet

лаптоп

laptop

писмо

brief

съобщение

bericht

мобилен телефон

mobiele telefoon

мрежа

netwerk

ксерокс

kopieermachine

софтуер

software

телефон

telefoon

контакт

stopcontact

факс

fax

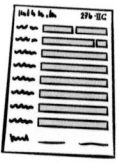

формуляр

formulier

документ

document

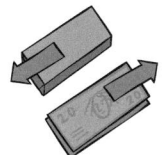

купувам

kopen

плащам

betalen

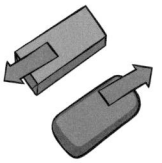

търгувам

handel drijven

пари

geld

 **USD**

долар

dollar

 **EUR**

евро

euro

 **JPY**

йена

yen

 **RUB**

рубла

roebel

 **CHF**

швейцарски франк

Zwitserse frank

 **CNY**

ренминби юан

renminbi yuan

 **INR**

рупия

roepie

банкомат

geldautomaat

обменно бюро

wisselkantoor

злато

goud

сребро

zilver

нефт

olie

енергия

energie

цена

prijs

договор

contract

данък

belasting

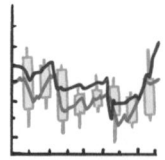

акция

aandeel

работя

werken

служител

werknemer

работодател

werkgever

фабрика

fabriek

магазин за цветя

winkel

професии
beroepen

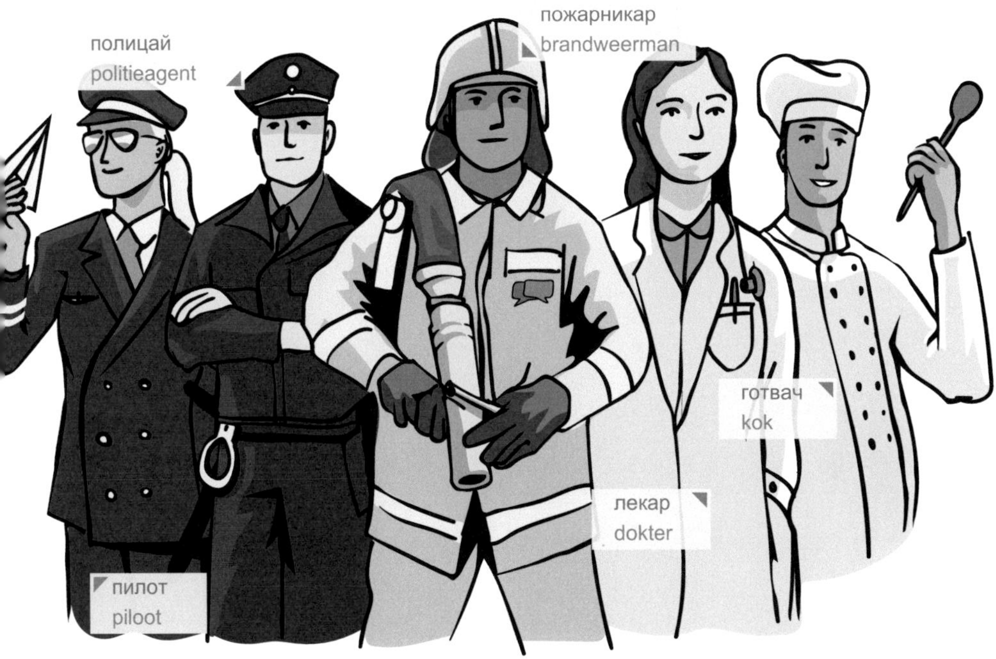

полицай
politieagent
пожарникар
brandweerman
готвач
kok
лекар
dokter
пилот
piloot

градинар

tuinman

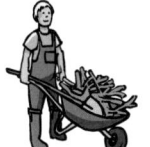

мебелист

timmerman

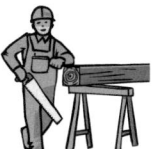

шивачка

naaister

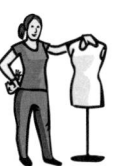

съдия

rechter

химик

scheikundige

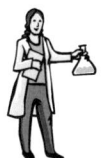

артист

toneelspeler

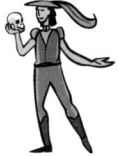

шофьор на автобус

buschauffeur

шофьор на такси

taxichauffeur

рибар

visser

чистачка

schoonmaakster

майстор на покриви

dakdekker

келнер

ober

ловец

jager

художник

schilder

хлебар

bakker

електротехник

elektricien

строителен работник

bouwvakker

инженер

ingenieur

касапин

slager

тенекеджия

loodgieter

пощальон

postbode

войник

soldaat

архитект

architect

касиер

kassier

цветар

bloemist

фризьор

kapper

кондуктор

conducteur

механик

monteur

капитан

kapitein

зъболекар

tandarts

научен работник

wetenschapper

равин

rabbi

имàм

imam

монах

monnik

свещеник

pastoor

инструменти

gereedschap

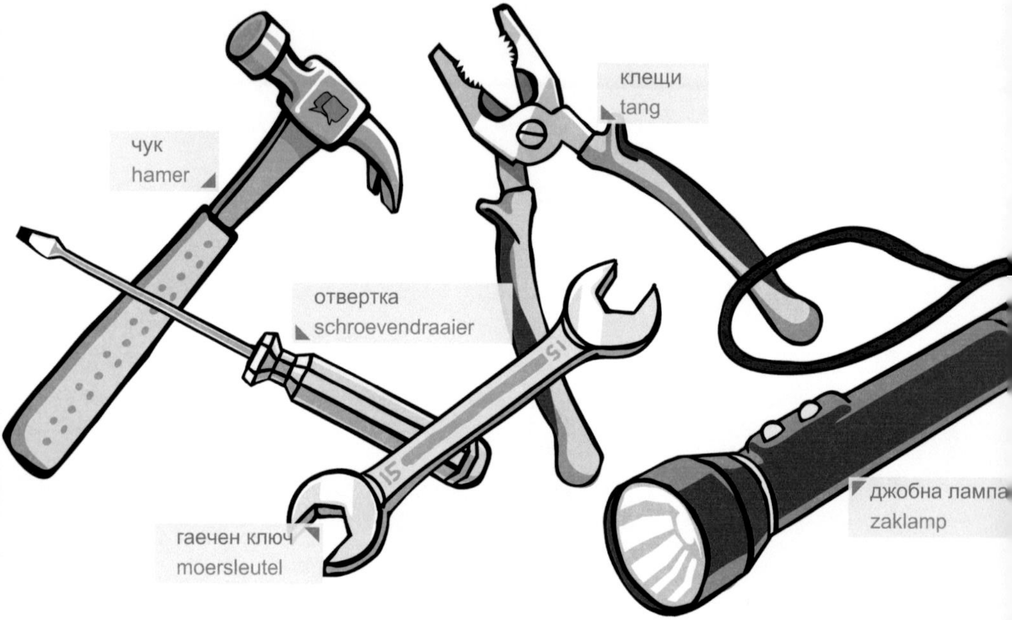
клещи
tang
чук
hamer
отвертка
schroevendraaier
гаечен ключ
moersleutel
джобна лампа
zaklamp

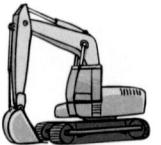

багер

graafmachine

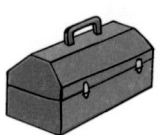

кутия за инструменти

gereedschapskist

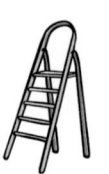

стълба

ladder

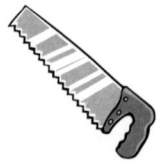

трион

zaag

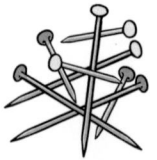

пирони

spijkers

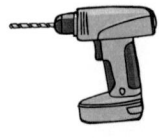

бормашина

boor

ремонтирам

repareren

лопата

schep

По дяволите!

Verdorie!

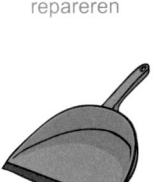

лопатка за смет

stofblik

кутия за боя

verfpot

болтове

schroeven

музикални инструменти
muziekinstrumenten

високоговорител
luidspreker

ударни инструменти
drumstel

китара
gitaar

контрабас
contrabas

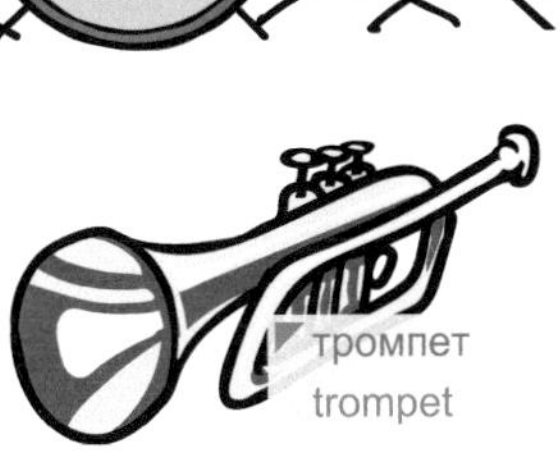

тромпет
trompet

пиано

piano

виолина

viool

контрабас

bas

тимпан

pauk

барабан

trommel

електрическо пиано

keyboard

саксофон

saxofoon

флейта

fluit

микрофон

microfoon

зоологическа градина
dierentuin

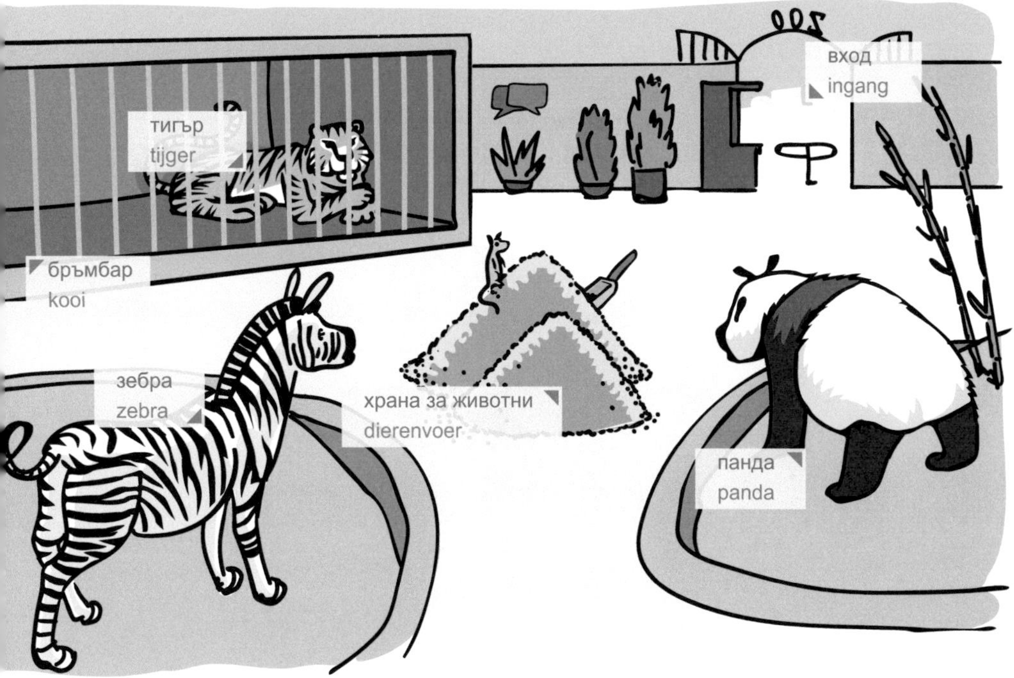
вход
ingang
тигър
tijger
бръмбар
kooi
зебра
zebra
храна за животни
dierenvoer
панда
panda

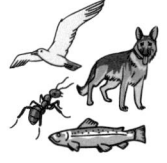

животни

dieren

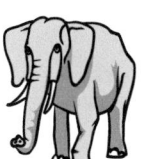

слон

olifant

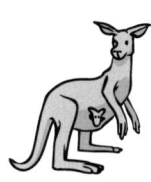

кенгуру

kangoeroe

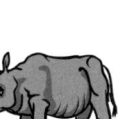

носорог

neushoorn

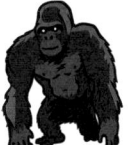

горила

gorilla

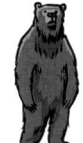

мечка

beer

камила

kameel

щраус

struisvogel

лъв

leeuw

маймуна

aap

фламинго

flamingo

папагал

papegaai

бяла мечка

ijsbeer

пингвин

pinguïn

акула

haai

паун

pauw

змия

slang

крокодил

krokodil

пазач в зоологическа
градина

dierenverzorger

тюлен

zeehond

ягуар

jaguar

пони

pony

леопард

luipaard

хипопотам

nijlpaard

жираф

giraffe

орел

adelaar

диво прасе

wild zwijn

риба

vis

костенурка

schildpad

морж

walrus

лисица

vos

газела

gazelle

американски футбол
American football

колоездене
wielrennen

тенис
tennis

баскетбол
basketbal

плуване
zwemmen

бокс
boksen

хокей на лед
ijshockey

футбол

voetbal

бадминтон

badminton

лека атлетика

atletiek

хандбал

handbal

ски бягане

skiën

поло

polo

дейности
activiteiten

скачам
springen
прегръщам
knuffelen
смея се
lachen
вървя
lopen
пея
zingen
сънувам
dromen
моля се
bidden
целувам
kussen

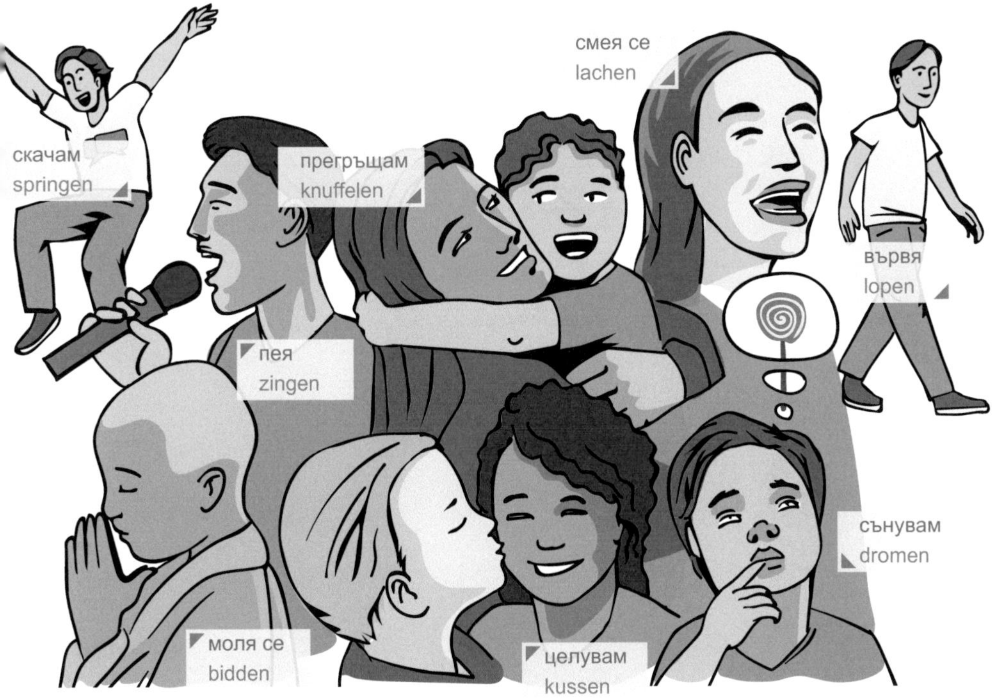

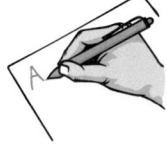

пиша
schrijven

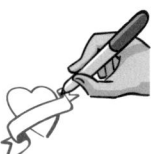

рисувам
tekenen

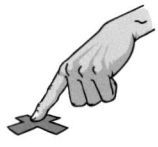

показвам
tonen

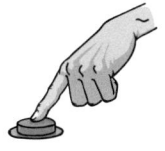

бутам
duwen

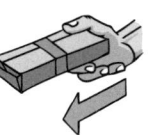

давам
geven

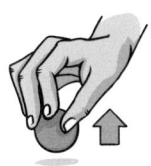

взимам
oppakken

имам

hebben

правя

doen

съм

zijn

стоя

staan

тичам

rennen

дърпам

trekken

хвърлям

gooien

падам

vallen

лежа

liggen

чакам

wachten

нося

dragen

седя

zitten

обличам

aankleden

спя

slapen

събуждам се

wakker worden

разглеждам
bekijken

плача
huilen

милвам
strelen

реша се
kammen

говоря
praten

разбирам
begrijpen

питам
vragen

слушам
horen

пия
drinken

ям
eten

разтребвам
opruimen

обичам
houden van

готвя
koken

карам автомобил
rijden

летя
vliegen

плавам (с платна)

zeilen

смятане

rekenen

чета

lezen

уча

leren

работя

werken

женя се

trouwen

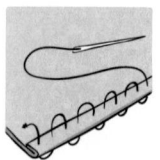

шия

naaien

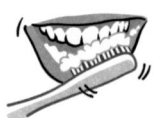

измивам си зъбите

tandenpoetsen

убивам

doden

пуша

roken

изпращам

verzenden

семейство

familie

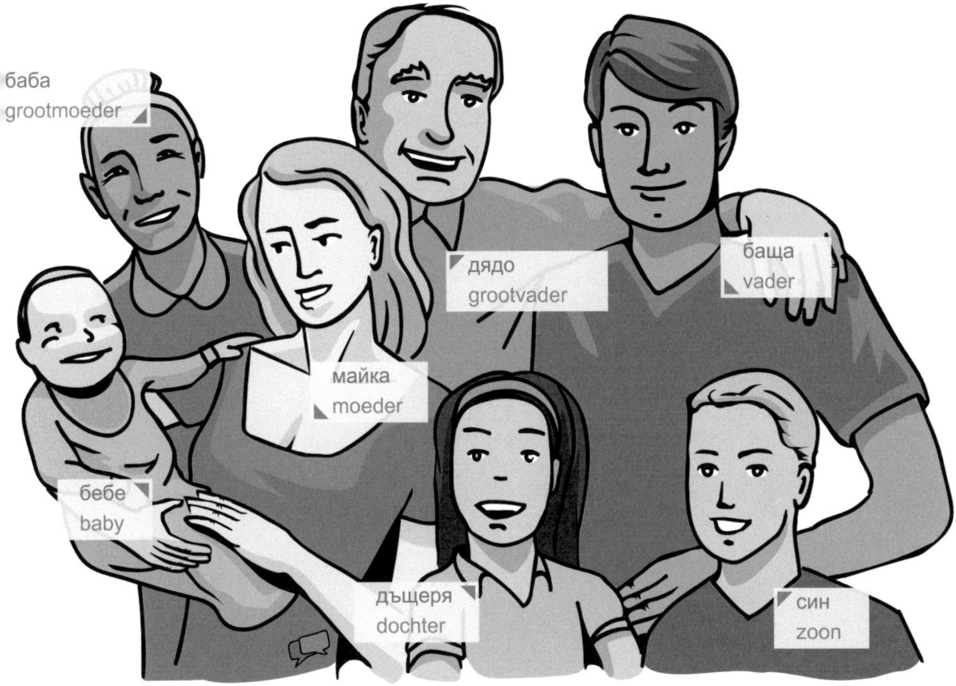

баба
grootmoeder
дядо
grootvader
баща
vader
майка
moeder
бебе
baby
дъщеря
dochter
син
zoon

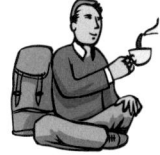

посетител

gast

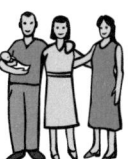

леля

tante

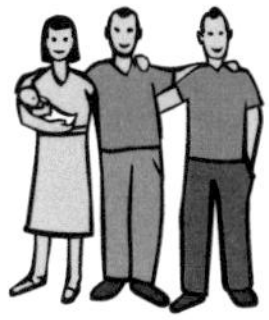

чичо

oom

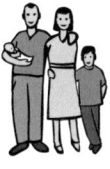

брат

broer

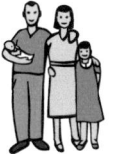

сестра

zus

тяло
lichaam

чело
voorhoofd
око
oog
рамо
schouder
пръст
vinger
лице
gezicht
брадичка
kin
ръка
hand
гърди
borst
крак
been
ръка
arm

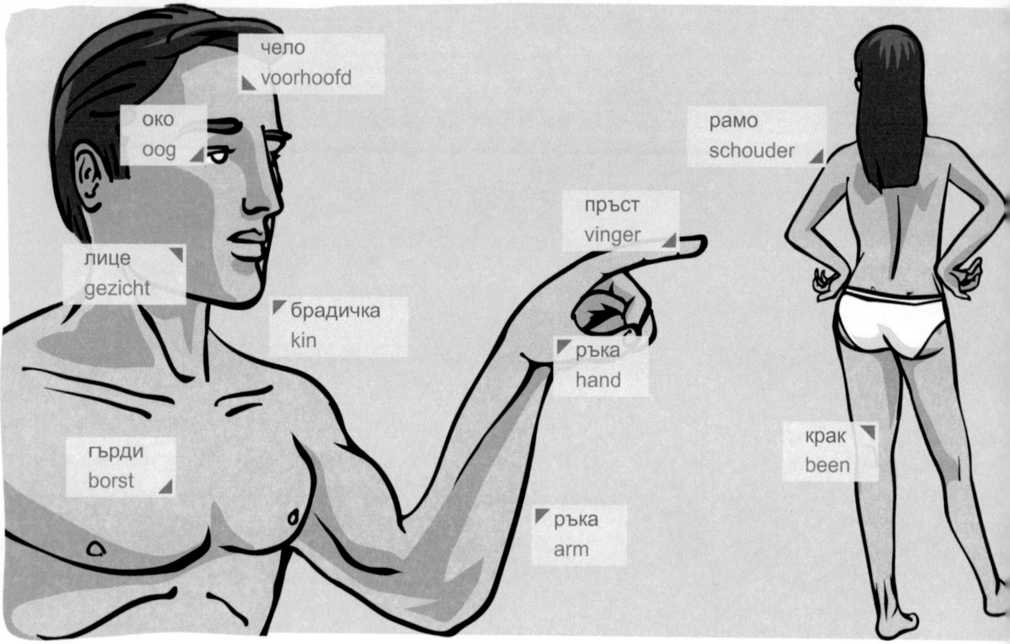

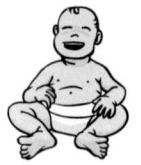

бебе

baby

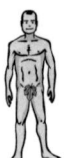

мъж

man

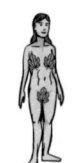

жена

vrouw

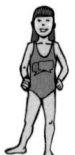

момиче

meisje

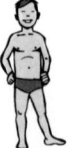

момче

jongen

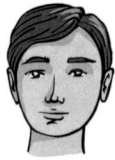

глава

hoofd

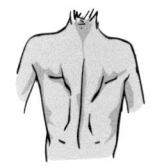

гръб

rug

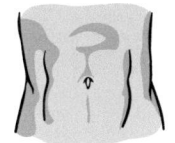

корем

buik

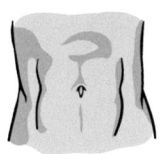

пъп

navel

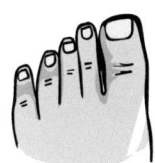

пръст на крака

teen

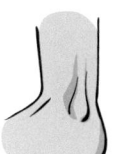

пета

hiel

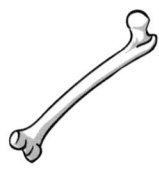

кост

bot

хълбок

heup

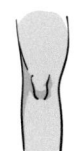

коляно

knie

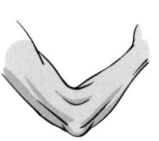

лакът

elleboog

нос

neus

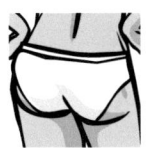

седалище

achterwerk

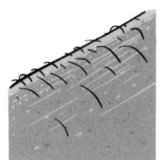

кожа

huid

буза

wang

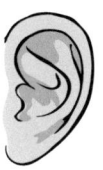

ухо

oor

устна

lippen

уста

mond

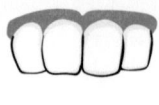

зъб

tand

език

tong

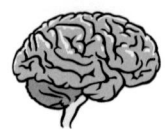

мозък

hersenen

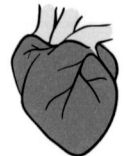

сърце

hart

мускул

spier

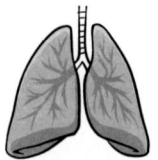

бял дроб

long

черен дроб

lever

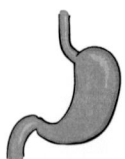

стомах

maag

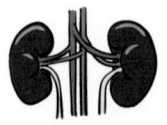

бъбреци

nieren

полово сношение

geslachtsgemeenschap

кондом

condoom

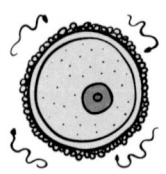

яйцеклетка

eicel

сперма

sperma

бременност

zwangerschap

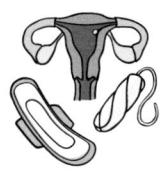

менструация

menstruatie

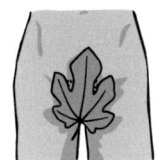

вагина

vagina

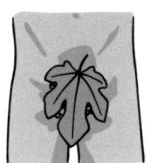

пенис

penis

вежда

wenkbrauw

коса

haar

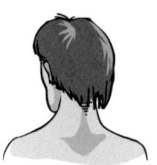

шия

hals

тяло - lichaam

болница

ziekenhuis

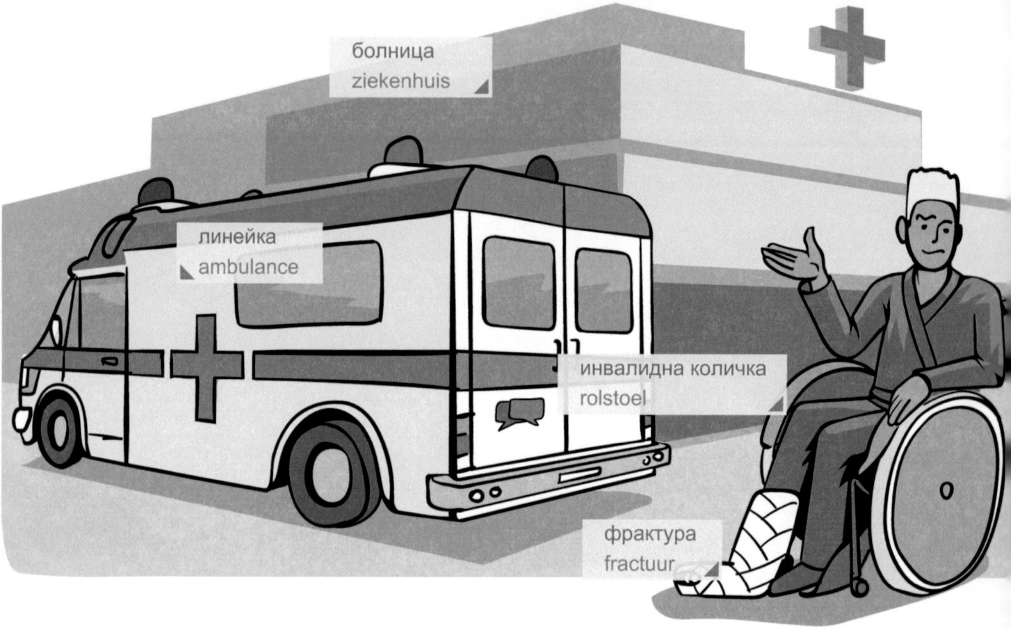

болница
ziekenhuis
линейка
ambulance
инвалидна количка
rolstoel
фрактура
fractuur

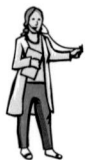

лекар

dokter

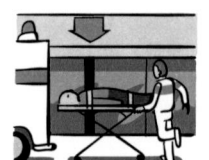

спешна хоспитализация

EHBO

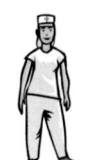

медицинска сестра

verpleegster

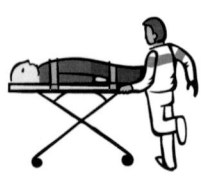

спешен случай

noodgeval

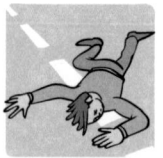

в безсъзнание

bewusteloos

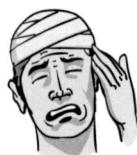

болка

pijn

нараняване

verwonding

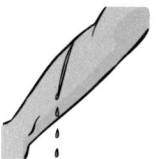

кървене

bloeding

инфаркт

hartaanval

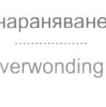

инсулт

beroerte

алергия

allergie

кашлица

hoest

температура

koorts

грип

griep

диария

diarree

главоболие

hoofdpijn

рак

kanker

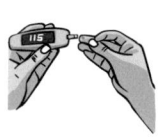

диабет

diabetes

хирург

chirurg

скалпел

scalpel

операция

operatie

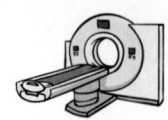

компютърна томография

CT

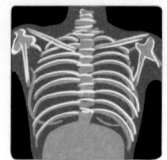

рентген

röntgen

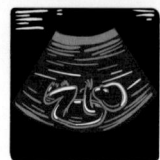

ултразвук

echografie

маска

gezichtsmasker

болест

ziekte

чакалня

wachtkamer

патерица

kruk

пластир

pleister

превръзка

verband

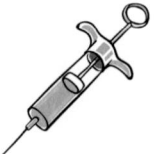

инжекция

injectie

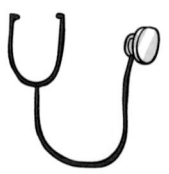

стетоскоп

stethoscoop

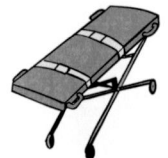

носилка

brancard

термометър

thermometer

раждане

geboorte

наднормено тегло

overgewicht

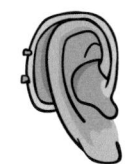

слухов апарат

gehoorapparaat

дезинфекционно средство

ontsmettingsmiddel

инфекция

infectie

вирус

virus

HIV / AIDS

HIV / AIDS

медицина

medicijn

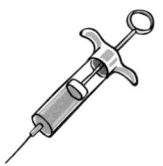

ваксинация

inenting

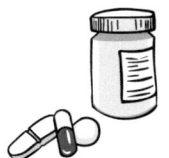

таблети

tabletten

противозачатъчна
таблетка
pil

спешно телефонно
обаждане
alarmnummer

апарат за измерване на
кръвното налягане

bloeddrukmeter

болен / здрав

ziek / gezond

Помощ!

Help!

сигнал за тревога

alarm

нападение

overval

атака

aanval

опасност

gevaar

аварийен изход

nooduitgang

Пожар!

Brand!

пожарогасител

brandblusser

злополука

ongeluk

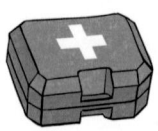

комплект за оказване на
първа помощ

EHBO-koffer

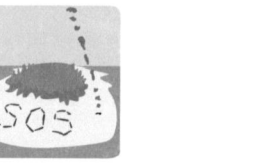

SOS

SOS

полиция

politie

Европа

Europa

Северна Америка

Noord-Amerika

Южна Америка

Zuid-Amerika

Африка

Afrika

Азия

Azië

Австралия

Australië

Атлантически океан

Atlantische Oceaan

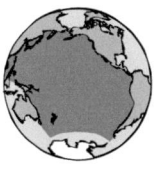

Тихи океан

Stille Oceaan

Индийски океан

Indische Oceaan

Южен ледовит океан

Zuidelijke Oceaan

Северен ледовит океан

Noordelijke IJszee

Северен полюс

Noordpool

Южен полюс

Zuidpool

Антарктида

Antarctica

Земя

aarde

суша

land

море

zee

остров

eiland

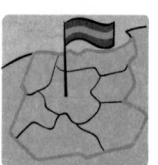

нация

natie

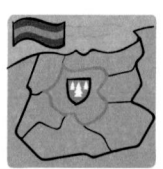

държава

staat

циферблат

wijzerplaat

стрелка на часовете

uurwijzer

стрелка на минутите

minutenwijzer

стрелка на секундите

secondewijzer

Колко е часът?

Hoe laat is het?

ден

dag

време

tijd

сега

nu

дигитален часовник

digitaal horloge

минута

minuut

час

uur

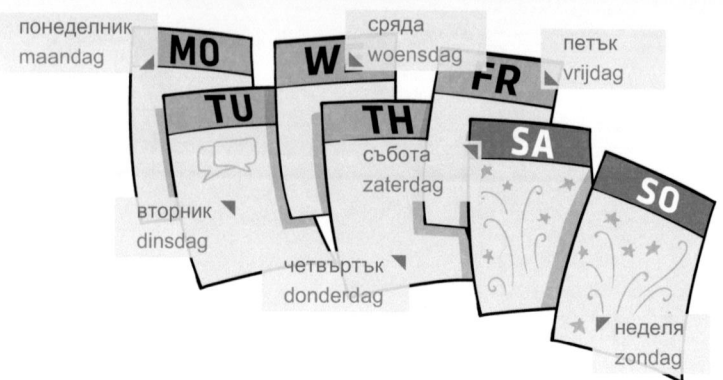

понеделник
maandag

сряда
woensdag

петък
vrijdag

вторник
dinsdag

събота
zaterdag

четвъртък
donderdag

неделя
zondag

вчера

gisteren

днес

vandaag

утре

morgen

сутрин

ochtend

обед

middag

вечер

avond

MO	TU	WE	TH	FR	SA	SU
1	2	3	4	5	6	7
8	9	10	11	12	13	14
15	16	17	18	19	20	21
22	23	24	25	26	27	28
29	30	31	1	2	3	4

работни дни

werkdagen

MO	TU	WE	TH	FR	SA	SU
1	2	3	4	5	6	7
8	9	10	11	12	13	14
15	16	17	18	19	20	21
22	23	24	25	26	27	28
29	30	31	1	2	3	4

уикенд

weekend

дъжд
regen

дъга
regenboog

сняг
sneeuw

вятър
wind

пролет
voorjaar

есен
herfst

лято
zomer

зима
winter

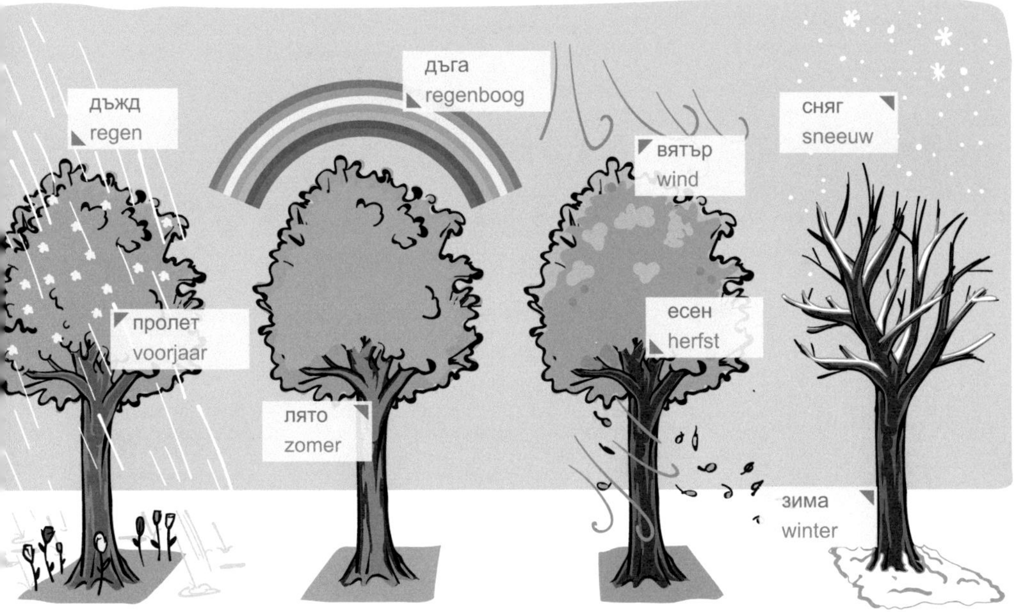

прогноза за времето

weerbericht

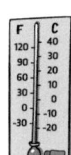

термометър

thermometer

слънчева светлина

zonneschijn

облак

wolk

мъгла

mist

влажност на въздуха

luchtvochtigheid

светкавица

bliksem

гръмотевица

donder

буря

storm

градушка

hagel

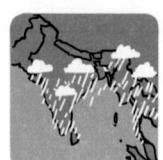

мусон

moesson

наводнение

overstroming

лед

ijs

януари

januari

февруари

februari

март

maart

април

april

май

mei

юни

juni

юли

juli

август

augustus

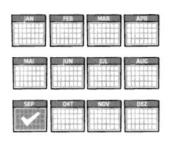

септември

september

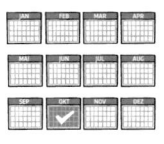

октомври

oktober

ноември

november

декември

december

форми

vormen

кръг

cirkel

квадрат

vierkant

четириъгълник

rechthoek

триъгълник

driehoek

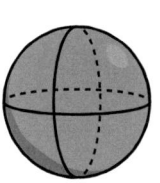

сфера

bol

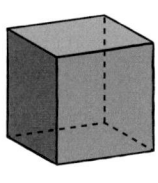

куб

kubus

цветове
kleuren

бял

wit

жълт

geel

оранжев

oranje

розов

roze

червен

rood

лилав

paars

син

blauw

зелен

groen

кафяв

bruin

сив

grijs

черен

zwart

много / малко

veel / weinig

ядосан / спокоен

boos / rustig

красив / грозен

mooi / lelijk

начало / край

begin / einde

голям / малък

groot / klein

светъл / тъмен

licht / donker

брат / сестра

broer / zus

чист / мръсен

schoon / vies

пълен / непълен

volledig / onvolledig

ден / нощ

dag/ nacht

мъртъв / жив

dood / levend

широк / тесен

breed / smal

ядлив / неядлив

eetbaar / oneetbaar

сърдит / любезен

gemeen / aardig

развълнуван / скучаещ

opgewonden / verveeld

дебел / тънък

dik / dun

най-напред / най-накрая

eerste / laatste

приятел / враг

vriend / vijand

пълен / празен

vol / leeg

твърд / мек

hard / zacht

тежък / лек

zwaar / licht

глад / жажда

honger / dorst

болен / здрав

ziek / gezond

нелегален / легален

illegaal / legaal

интелигентен / глупав

intelligent / dom

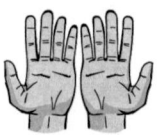

ляво / дясно

links / rechts

близо / далече

dichtbij / ver

нов / употребяван

nieuw / gebruikt

нищо / нещо

niets / iets

стар / млад

oud / jong

вкл. / изкл.

aan / uit

отворен / затворен

open / gesloten

тих / силен (звук)

zacht / luid

богат / беден

rijk / arm

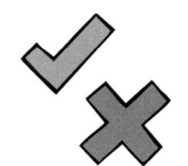

правилен / погрешен

goed / fout

грапав / гладък

ruw / glad

тъжен / щастлив

verdrietig / gelukkig

дълъг / къс

kort / lang

бавен / бърз

langzaam / snel

мокър / сух

nat / droog

топъл / студен

warm / koel

война / мир

oorlog / vrede

противоположности - tegenstellingen

0

нула

nul

1

едно

één

2

две

twee

3

три

drie

4

четири

vier

5

пет

vijf

6

шест

zes

7

седем

zeven

8

осем

acht

9

девет

negen

10

десет

tien

11

единадесет

elf

12

дванадесет

twaalf

13

тринадесет

dertien

14

четиринадесет

veertien

15

петнадесет

vijftien

16

шестнадесет

zestien

17

седемнадесет

zeventien

18

осемнадесет

achttien

19

деветнадесет

negentien

20

двадесет

twintig

100

сто

honderd

1.000

хиляда

duizend

1.000.000

милион

miljoen

числа - getallen

английски

Engels

американски английски

Amerikaans Engels

китайски мандарин

Chinees Mandarijn

хинди

Hindi

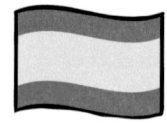

испански

Spaans

френски

Frans

арабски

Arabisch

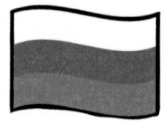

руски

Russisch

португалски

Portugees

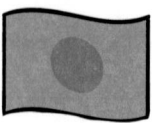

бенгалски

Bengalees

немски

Duits

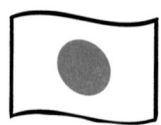

японски

Japans

аз

ik

ти

jij

той / тя / то

hij / zij / het

ние

wij

вие

jullie

те

zij

кой?

wie?

какво?

wat?

как?

hoe?

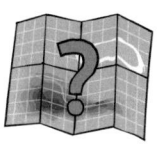

къде?

waar?

кога?

wanneer?

име

naam

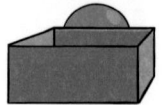

зад

achter

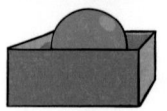

в

in

пред

voor

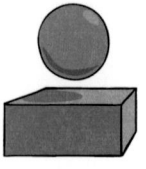

над

boven

върху

op

под

onder

до

naast

между

tussen

място

plaats